Mia Linden

Aus dem Leben einer Teenager Autistin

Mia Linden

www.tredition.de

Verlag und Druck: tredition GmbH, Halenreie 40-44, 22359 Hamburg

ISBN
Paperback: 978-3-347-41112-8
e-Book: 978-3-347-41114-2

Vorwort

„Wer soll das schon lesen?", fragt mich meine Mutter und gießt sich frischen Kaffee ein. Für drei Sekunden bleibt mein Gesicht völlig ausdruckslos, dann erst ringe ich mich zu einer Erwiderung zusammen. „Ich denke schon, dass es durchaus…", „…reich mir mal die Milch" unterbricht sie mich barsch. Ich sehe schweigend zu wie Kaffee von ihrem Löffel tropft. Einer der Tropfen erwischt unsere antike Spitzentischdecke. Vor meinem geistigen Auge spielen sich eine Reihe von düsteren Szenarien ab, die alle mit einem Vortrag über einem Mangel an Respekt zu enden scheinen. Wie immer bereue ich es meiner Mutter über einen meiner Pläne zu erzählen. Wenn ich sie in einem meiner Vorhaben einweihte, verstand sie es entweder nicht oder versuchte mich an die Vorzüge der Bescheidenheit zu erinnern. Zu guter Letzt würde sie wieder eine stählerne Rede über ihren eigenen Leidensweg runterleiern. "In deinem Alter war meine Mutter schon tot und ich habe den ganzen Haushalt organisiert. Nebenbei habe ich auch noch das beste Abitur der Klasse gemacht. Nehme dir daran mal eine Scheibe ab. Ich hatte kein so Schicki- Miki Studium und aus mir ist trotzdem was geworden." „Ja, arbeitslose Hausfrau", dachte ich. Es war sinnlos sie daran zu erinnern, dass sie nur deshalb reich war, weil ich wohlhabender Vater verschieden war. Sicherlich sie hatte ihr Erbe sehr schlau investiert und viel Gewinn gemacht, hatte aber vorher keine eigene Karriere gehabt.

„Ich werde es aber trotzdem machen", sage ich und hoffe so dieses Gespräch zu einem Ende bringen zu können. Ihr hartes, aber schlaues Gesicht musterte mich für eine Weile und ließ dann wieder von mir ab. "Na dann mal los", war der letzte Satz, den wir diesbezüglich äußerten.

Von meiner eigenen Rebellion beflügelt setzte ich mich kurz darauf an meinem Schreibtisch und sammelte meine Gedanken. „Na dann mal los", dachte ich ein letztes Mal und begann zu tippen. Also dann...

Kommen wir zunächst einmal zum für mich wichtigsten. Ich mag zwar kein Meister der Rhetorik sein und meine Texte triefen auch nicht voller Witz und Genialität, aber was ich zu sagen habe ist von großer Relevanz für alle. Viele von euch werden jetzt wahrscheinlich denken wieso ein Buch geschrieben von einer Teenagerin mit dem Asperger-Syndrom von Interesse für irgendjemanden seien sollte oder was ich überhaupt zu sagen hätte. Also gut, hier kommt es.

In diesem Buch geht es um mein Leben und wie meine Diagnose meine Ansichten auf mich und die Welt um mich herum vollkommen verändert hat. Autismus ist aus sozialer Perspektive eine Störung, ein Fehler der übersehen und behoben werden sollte. Die Diagnose ändert nicht nur wie die Freunde oder Familie einen betrachten, sondern die komplette Umgebung. Der Umgang mit Autisten und anderen Querdenkern ist maßgeblich bezeichnend für die Welt in der wie Leben. Ich kann mir nicht anmaßen für alle Arten von Menschen zu sprechen, aber ich kann ihnen zu einem Einblick in neue eine Sichtweise zu verhelfen.

Wer also die normalen Menschen studiert, sollte sich zuerst mit den unnormalen befassen. Autismus zu verstehen hilft einen eine völlig neue Sicht auf eine Bandbreite an Menschenschichten zu nehmen und unsere eigene Gesellschaft zu durchschauen. Es ist der Naturinstinkt des Menschen Gruppen zu gründen, sich mit anderen zu verbünden. Im Laufe der Zeit endstanden aus kleinen Gruppen große Siedlungen, Städte, Häusersiedlung und moderne Verhaltensweisen, die unsere Urinstinkte immer weiter begraben traten auf. Feste Regeln und Konventionen manifestierten sich und seit es Normen gab, gab es auch immer Menschen, die sich nicht einordnen lassen, ob aus Wiederspruch oder durch angeborene Faktoren. Solche Persönlichkeiten waren dem Großteil der

Menschen schon immer ein Dorn im Auge. Sie spielten nicht nach den unausgesprochenen Regeln und Grenzen, die sich mit der Zeit von selber bildeten. Diese Regeln und Erkenntnisse wurden innen durch eine Art Schleier vorenthalten, der erst mit zunehmendem Altem sichtbar wird. Autisten bleiben die natürlichen sozialen Instinkte vorenthalten, was sie im Angesicht von unausgesprochenen Regeln erblinden lässt.

Mittlerweile haben wir uns weiterentwickelt, oder so heißt es zumindest. Wir bauen Gebäude die hunderte von Metern erreichen, wir zähmen die Naturgewalten. Wir haben ein Heilmittel für fast jede Krankheit und erreichen fast jedes Jahrzehnt neue Durchbrüche, die bis vor kurzen unmöglich waren. Unsere Welt ändert sich rapide und mit ihr unser Denken. Innerhalb einer Generation kann alles auf den Kopf gestellt werden. Das konservative und sexistische Gedankengut was die Geschichte der Menschheit prägte, war früher normal und als angemessen angesehen. Fortschritt öffnet den Menschen die Augen zu neuen Dimensionen des Denkens. Je neues wir verstehen, desto mehr sind wir bereit neues zu erforschen. Wir öffnen uns zu bislang Unbekannten. Aufklärung führt zu Verständnis und Verständnis zu Toleranz und Toleranz ist genau was wir brauchen, denn egal wie wissenschaftlich fortgeschritten wir sind, unsere Welt wird niemals perfekt sein. Im Gegenteil sogar, da sich mit der Zeit neue Gefahren anbahnen. Überbevölkerung, Klimawandel und militärische Konflikte der Supermächte drohen wie ein Damokles Schwert auf uns jeder Zeit und ohne Warnung herunterbrechen. Die sexistischen Verblendungen und der religiöse Fanatismus, der uns so lange zurückhielt, wurde durch der Anstieg der Bedeutung der Wissenschaft nach und nach ausgerottet, was leider nicht auf die ganze Welt zutrifft. Es gibt so viele Orte, vor allem Länder mit einer schlechten Infrastruktur, bei denen man nicht einmal an Gleichberechtigung denken kann. Nicht nur zwischen Mann und Frau, sondern zwischen allem was kein privilegierter, heterosexueller und psychisch gesunder Mann ist. Menschen, denen ihr Leben lang Aufklärung und Bildung verweigert wurden, schaffen es selten aus dem einschneidenden Korsett der Konventionen auszubrechen und zu neuen Ufern der Selbsterkenntnis und der Toleranz aufzubrechen. Selbst in Ländern wie Deutschland, welches so fortgeschritten und modern ist, geht die öffentliche Meinung weit von dem auseinander, was eigentlich korrekt ist. Autismus gilt als Behinderung, was zwar an sich per Definition zumindest stimmt, aber genauso wie das Wort „Spast" in völlig falschen Kontext gebraucht wird und als Synonym für „dumm" und „schwachsinnig" verwendet wird.

In diesem Buch werde ich Klischee für Klischee in Angriff neh. men, auf ihre Richtigkeit überprüfen

und diese mit meinen eigenen Erfahrungen und

mit meinen Eindrücken ergänzen.

Zusätzlich möchte ich mein über die Jahre angeeignetes Wissen mit ihnen so gut es geht teilen. Wenn sie mit diesem Buch fertig sind sollten eine große Menge an Wissen erlangt und einen ausgiebigen Einblick in den Kopf eines Autisten erhalten haben.

Aber jetzt genug erzählt...

Ich wünsche ihnen viel Freude bei dem einzigen Autismus - Buch was sie jemals brauchten.

Wie alles begann...

Um das Leben eines jeden zu verstehen, muss man in seine Kindheit blicken, erst dann kann man die Ursprünge und Beweggründe eines Menschen nachvollziehen. So habe ich mir zumindest sagen lassen.

Autismus kann sich in verschiedenen Phasen des Lebens erstmals abzeichnen. Als ich geboren wurde wussten meine Eltern noch nicht einmal was das Wort Autist bedeutet. Als ich dann auf die verrückte Idee kam meine Lebensgeschichte niederzuschreiben begann ich mir zu überlegen, womit ich zunächst einmal anfangen sollte. Ich beschloss zunächst einmal ganz von Anfang an zu beginnen. Der zweite Schritt meines Unternehmens lag darin die Recherche zu starten. Als erstes befragte ich meine Eltern ausgiebig über meine Kindheit. Ich stellte ihnen Fragen wie: „ War ich schon als Kleinkind ungewöhnlich? Habe ich auf bestimmte Reize stark reagiert?".

Alles in allem konnten sie sich nicht daran erinnern, dass ich schon sehr jung Anzeichen von Autismus zeigte. Allerdings war ich immer anders als andere Kinder. Selbst meine Geschwister unterschieden sich von frühester Kindheit von mir.

Meinen Eltern wurden die gravierenden Unterschiede bereits kurz nach meiner Geburt bewusst. Wenn ich meine Eltern heute fragen würde wann ich begann mich ungewöhnlich zu verhalten, würden sie sicherlich den Tag meiner Geburt benennen.

Sie dauerte nur wenige Stunden im Gegensatz zu denen meiner beiden älteren Schwestern, bei denen meine Mutter über einen Tag in den Wehen lag.

Als ich dann auf die Welt kam, freuten sich meine Eltern sehr. Hauptsächlich da ich rothaarig und ein Mädchen war. Kaum war ich aber zu Hause angelangt begann ich mich merkwürdig zu verhalten. Es war für meine Eltern fast unmöglich mich allein zu lassen. Ich litt bereits als Baby unter Angst-Störungen. Sobald meine Eltern den Raum verließen begann ich unaufhörlich zu schreien und hörte selbst dann nicht auf als ich bereits blau anlief. Meine Mutter schrieb diese Veranlagung ihren Panik-Attacken zu, die sie während ihrer Schwangerschaft erlitt. Eine Ansicht der ich sehr wohl zustimmen würde. Autisten an sich sind in vielerlei Hinsicht größeren Stress ausgesetzt, aber neigen deshalb nicht direkt als Baby zu Angststörungen. Allerdings kann unsere Überempfindlichkeit gegenüber bestimmten Reizen und ein erhöhter Stresspegel in sozialen

Situationen, die wir nicht kontrollieren können zu Überforderung und natürlich auch zu Panik führen. In einer großen Menschenmenge gefangen zu seien kann so manchen Autisten das Blut in den Adern gefrieren lassen. Solchen Einflüssen war ich als Baby aber keineswegs ausgesetzt. Außerdem reagierte ich im sehr jungen Alter genau anderseherum als ich es später tuen würde. Heutzutage bin ich sehr introvertiert und vergesse regelmäßig sogar zu sprechen, wohingegen ich früher eher dazu tendierte unaufhörlich vor mich hin zu plappern. Ich hielt es nie aus alleine zu seien und musste als Kleinkind überall hin mitgenommen werden. Meine Zimmer Tür war immer offen und ich verbrachte so viel Zeit wie möglich mit meiner Schwester Elena mit der ich schon von frühester Kindheit ein sehr enges Band teilte. Als wir noch in unserem ersten und deutlich kleineren Hause lebten teilten Elena und ich uns sogar ein Zimmer. Dies geschah allerdings mehr aus Platzmangel als Planung. Als wir kurz nach meinem siebten Geburtstag in ein großes Haus zogen erhielt jede von uns zum ersten Mal ein eigenes Zimmer.

Ich war überhaupt nicht darauf vorbereitet alleine zu sein. Es war mir nicht möglich nachts die Augen zu schließen und ruhig einzuschlafen,

wenn niemand bei mir war. Ich fühlte mich isoliert und steigerte mich immer mehr in meine Angst hinein. Das Wissen, dass meine Schwester nebenan schlief, beruhigte mich wenig. Es dauerte eine sehr lange Zeit bis ich es schließlich schaffen würde ohne Panik einzuschlafen und noch viele weitere Jahre bis ich meine Angststörungen überwinden würde.

Es war der Beginn eines jahrelangen Kampfes mit meinem Verstand und leider muss ich zugeben, dass der „Horror", wie ich es später betiteln würde, oft die Oberhand gewann. Damals war ich noch sehr jung, aber nicht weniger in der Lage mir selber mental Schmerzen zuzufügen. Ich hatte schon von jüngsten Jahren an einen extremen Selbstzerstörungsdrang.

Meine Kindheit war dennoch recht glücklich, zumindest bis zu meiner ersten echten Konfrontation mit der Spezies, die sich „Gleichaltrige" nannte.

Das Gruselkabinett genannt Kindergarten

Dass ich das erste Mal mit Gleichaltrigen in massiver Form konfrontiert wurde, war zu Beginn meiner Kindergartenzeit. Ich kann mich nicht mehr daran erinnern, wie ich mich zu Anfang dieser Zeit gefühlt habe, Berichten meiner Eltern, aber nach war ich ziemlich nervös. Die meisten meiner Erinnerungen aus dem Kindergarten sind leicht verschwommen. An einige einschneidende Erlebnisse kann ich mich bis heute glasklar erinnern. Meine Anfangszeit im Kindergarten sind irgendwann im Strudel meiner Erinnerungen unter gegangen. Woran ich mich allerdings vor allem erinnere ist die Tatsache, dass der Kindergarten so ziemlich grauenhaft war, oder was ich damals für eine grauenhafte Umgebung hielt. Meine späteren Erfahrungen belehrten mich eines Besseren.

Ich war im Kindergarten von demselben Bestreben ergriffen, welches ich für die nächsten Jahre behielt. Der simple Wunsch Freunde und Gefährten zu finden. Als Kind dachte ich jedes Mal, wenn neue Kinder dazu kamen, dass ich dieses Mal eine Gruppe finden würde, was mir aber niemals gelang. Ich ging auf drei verschiedene Kindergärten. Dies war nicht das Resultat meiner überbesorgten Mutter, die der Meinung war, dass

ich unter anderen Kindern mehr Glück finden würde. Tatsächlich waren es die Kindergärten, die schlossen oder umzogen. Ich zog nur mit, was ziemlich genau meine erste Zeit im Kindergarten beschreibt. Als ich in meinen ersten Kindergarten eintreten musste war ich hauptsächlich verschüchtert.

Unser Spielraum bestand merkwürdigerweise aus einer ziemlich großen Halle. Es gab eine Art Baumhaus darin, in dem ich mich immer versteckte und ich hasste es wenn sie es wagten auch hochzukommen. Ich fand die anderen Kinder überhaupt ziemlich nervig. Damals war die Situation aber noch deutlich anders. Als dann der erste Kindergarten zu machte, mussten wir in einen deutlich größeren umsiedeln. Er war rappelvoll mit anderen Kindern. Von jetzt an fühlte ich mich nicht nur leicht unwohl, sondern wollte unbedingt verhindern dort jemals wieder hinzumüssen. Bis neun Uhr war Einlass und wer später kam musste draußen bleiben. Einfallsreich wie ich war, fielen mir immer Möglichkeiten nicht dorthin zu müssen, wie mir Kakao auf mein Hemd zu schütten und mich in meinen Zimmer zu verbarrikadieren. Mein zweiter Kindergarten lag nah am Haus meiner Großmutter und ich stellte mir pausenlos vor wie ich einfach heimlich aus dem Tor schlich und sie besuchte. Diesen Kindergarten fand ich aus vielerlei Hinsicht furchtbar. Das erste war die extreme Lautstärke, der man nicht entfliehen konnte. Angeblich erreicht die Gesprächslautstärke in einem deutschen Klassenzimmer regelmäßig eine Lautstärke, die das menschliche Gehör schädigt. Als ich diese Nachricht gelesen habe, dachte ich mir nur, dass es ein Wunder sei, dass wir nicht alle durch Schulhöfe taub geworden sind. So viel zum Thema es wäre so gut für uns viel Zeit zusammen auf dem Hof zu verbringen. Gott sein Dank hielt sich keiner in der Schule daran und die, die es taten auch nur deshalb, weil uns unsere Lehrer aus den Gängen trieben.

Im Kindergarten bestand praktisch unsere gesamte Beschäftigung daraus in unseren eingezäunten Garten mit irgendetwas zu spielen. Wie viele auf diese Phase ihres Lebens zurückblicken können und sich voller Rührseligkeit daran erinnern, ist mir bis heute schleierhaft. Uns drinnen aufzuhalten war uns weitgehend verboten. Der Kindergarten besaß einen sehr großen Garten in die allerhand Gerüste zum Beklettern standen. Ich mochte das große Schiffsgerüst besonders gerne, weil es mir so vorkam als könne man sich, sofern man ganz bis nach oben kletterte, ein wenig von den anderen abgrenzen könnte. Als ich später durch Zufall noch einmal an meinen alten Kindergarten vorbeikam, fiel mir auf, dass die älteren Gerüste keinesfalls so riesig waren, wie ich sie in Erinnerung hatte. Verständlicherweise allerdings, wenn man bedenkt, dass ich damals nur etwas über einen Meter groß war.

Meine damalige Beziehung zu den gleichaltrigen Kindern in Worte zu fassen ist recht schwierig. Zunächst einmal ist es wichtig daran zu erinnern, wie jung ich damals war. In diesem Alter gab es natürlich auch einen großen Unterschied zwischen Jungs und Mädchen. Besonders beliebt waren Reime und Sprüche, die wir uns gegenseitig ins Gesicht geworfen, um unsere ohnehin offenkundige Abneigung noch zu verdeutlichen. Eigentlich fand ich die Jungs gar nicht so schlimm, genauso wie eigentlich alle, was sie aber natürlich niemals zugeben würden. Mein eigentliches Problem bestand darin, dass vor allem die Jungs oft ziemlich aggressiv und laut waren.

In unseren Kindergartenjahren waren wir so ziemlich alle ein typisches Klischee. Während die Jungs gerne im Dreck spielten und große Freude zu haben schienen laut rumzuschreien, bevorzugten ich und meine Schwester Elena es mit Barbies und Puppen zu spielen. Apropos Elena war natürlich auch in meinem Kindergarten. Sie war zwei Jahre älter als ich und trotz unseres leichten Altersunterschiedes meine engste Spielgefährtin. Zuhause hatten wir ein gemeinsames Zimmer und wie bereits gesagt bevorzugte ich es damals so gut wie nie alleine zu sein. Daher verbrachten wir fast den ganzen Tag ununterbrochen miteinander. Diese Tatsache war unseren Erziehern ein Dorn im Auge. Wir waren in verschiedenen Spielgruppen und mussten um Erlaubnis bitten, wenn wir miteinander spielen wollten. Meistens war es uns verboten zusammen zu spielen, da es ihrer Meinung nach pädagogisch wertvoller wäre, wenn wir lernen würden selber klarzukommen und Freunde zu schließen. Dabei ignorierten sie geflissentlich, dass ich keinerlei Freunde hatte und es auch irgendwie nicht schaffte welche zu finden. Ich verbrachte also schon von frühester Kindheit die meiste Zeit alleine und überlegte mir wie oft ich dieselbe langweilige Strecke langlaufen könnte und wie ich am wenigsten armselig alleine in der Ecke rumsitzen könnte. Ich begann öfters zu weinen, mich immer unwohler zu fühlen. In den Kindergarten zurück zu kehren bedeutete für mich stundenlange Langeweile. Stunden, die ich eigentlich damit verbringen sollte, glücklich zu sein und mit anderen Kindern zu spielen, zu lachen und einfach Spaß zu haben. Spätestens jetzt wurde meinen Eltern klar, dass etwas hier nicht stimme. Etwas an mir war anders als bei anderen. Irgendwie passte ich nicht. Man konnte mich in keine Gruppe integrieren. Und man konnte mir wirklich nicht vorwerfen, dass ich es nicht versucht hätte. Ich gab mir immer Mühe freundlich zu sein und mich einzuschmeicheln, aber es hat irgendwie nie funktioniert. Auch wenn ich mir ehrlich Mühe gab immer nett zu sein und mit allen klar zu kommen mochte mich keiner. Mir schien es unmöglich länger als ein paar Wochen mit anderen zu verbringen, ohne sie durch größten Hass gegenüber mir zu vereinen. Wenn ich einen Raum betrat wurde ich entweder ignoriert oder sie taten so als wären sie mit irgendetwas schwer beschäftigt. Wenn ich weinend nach zu Hause zurück kehre tröstete meine Mutter mich, dass es sicher nur an den anderen Kindern lag und es sicher eines Tages besser werden würde. Einestages würde ich einen Haufen Freunde haben und könnte es gar nicht erwarten mit ihnen Zeit zu verbringen. Meine Mutter war zuversichtlich, dass alles gut wird, wohingegen mir schon damals klar war, dass es niemals so sein würde.

Mein nächster Kindergarten war wenig anders. Der größte Unterschied bestand hauptsächlich darin, wie er gelegen war. Dieser Kindergarten lag direkt neben unserem Hause und wurde nur durch einen Zaun von unserem Privatgrundstück abgetrennt. Sehr zum Ärger meiner Eltern, die über die Schreie eines Haufens Sechsjähriger nicht sehr beglückt waren.

-

Die beiden Kräfte, die meine Kindheit für immer prägen würden, waren zum einen natürlich meine Familie und zum anderen die Schule.

Meine Mutter war eine Frau mit großem Ehrgeiz und vielen Talenten. Sie begegnete meinen Vater als sie erst Anfang 20 war und noch viele Pläne hatte. Es war ihr größter Wunsch an einer guten Universität Ingenieurswissenschaften zu studieren. Ihre Jugend war von Einsamkeit geprägt. Mit Ende 40 war ihre Mutter schwer krebskrank und kämpfte für Monate mit ihrer Krankheit. In dieser Phase übernahm sie vollständig die Verantwortung für den gesamten Haushalt. Trotz ihrer starken Beeinträchtigung erwartete ihr Vater fantastische Noten. Diese extreme Phase ihres Lebens prägte sie und vor allem ihre Wertvorstellungen für immer. Auch wenn sie in ihrer Karriere große Ambitionen hatte, suchte sie nach einer emotionalen Partnerschaft. Sie arbeitete für eine Weile in einem Optikerladen, wo sie meinem Vater begegnete. Nach einem Haufen von Dates zogen sie schließlich zusammen, was für eine Weile gut ging, aber schließlich in einer Schwangerschaft meiner Mutter resultierte. Diese Nachricht traf sie sehr hart, weil sie geschworen hatte, niemals Kinder zu kriegen. Um alles noch schlimmer zu machen wurde sie kurz zuvor bei ihrer Wunschuniversität angenommen.

Sie entschied sich schließlich ihr Kind zu behalten und Mutter und Hausfrau zu werden, was eigentlich nichts Schlimmes ist, aber keinesfalls ihren ursprünglichen Wünschen entsprach. Nach ihrer Erstgeborenen Marie, folgte meine Schwester Elena und schließlich dann ich. Die ersten Jahre waren für sie sehr hart. Auch wenn sie sich mittlerweile an das Mutterdasein gewöhnt hatte, war sie damals nie wirklich glücklich. Mein Vater verdiente damals deutlich weniger Geld als heutzutage, sah aber trotzdem kein Problem damit einkaufen zu gehen, wann immer er wollte und sich nie um unsere Ausgaben zu küm-

mern. Mein Vater war schon immer ein lieber Mann, mit einem großen Herzen, schien sich aber nie Sorgen zu machen und manchmal
auf entsprechende Verantwortung zu übernehmen. Als meine Mutter
zum ersten Mal schwanger wurde kümmerte er sich ausgiebig um sie.
Zum Ende ihrer Schwangerschaft war er schon deutlich weniger auf-
merksam und kümmerte sich im Laufe der Zeit immer weniger um
sie. Bei der Geburt ihres ersten Kindes war er ebenfalls keine große
Hilfe. Als ich geboren wurde verbrachte er so viel Zeit damit

sich angemessen zu kleiden, frisieren und zu parfümieren, dass meine
Mutter in den Wehen schon weit fortgeschritten war, da ich meine
Geburt nur sehr schnell ging. Als sie während ihrer zweiten Schwangerschaft schwer krank war und meine Schwester beinahe verlor, ver-
setzte er sich erstmal für eine monatelange Ausbildung nach Norwe-
gen.

Obwohl die Ehe meiner Eltern sehr harmonisch war litt sie sehr unter dieser Zeit und blickt heute mit extremer Missgunst auf diese
Phase ihres Lebens.

Unser späteres Familienleben bestand aus Höhen und Tiefen. Nach
der Geburt meiner ältesten Schwester kauften meine Eltern unser
erstes Haus. Es war deutlich kleiner als unser zweites, späteres Haus,
indem wir für mehrere Jahre lebten.

Innerhalb einiger Jahre waren wir dann zu fünft, bestehend aus meinen beiden Eltern und uns drei Kindern. Als die beiden Jüngsten be-
kamen ich und Elena ein gemeinsames Zimmer mit Hochbett. Unser
Zimmer war immer voller Spielzeuge und stets ein Ebenbild des pu-
ren Chaos. Ich und Elena standen uns sehr, sehr nah, weshalb es uns
nichts ausmachte stets zusammen zu sein. Da wir in ähnlichem Alter
waren, hatten wir so ziemlich die

selben Interessen. Wir konnten ewig Barbie spielen und einfach zusammen Spaß haben, ohne einander Müde zu werden. Mit meiner
Schwester Marie hatten wir beide eine eher kühle Beziehung. Zwischen uns lag ein Altersunterschied von fünf und drei Jahren. Sie
hatte immer ihr eigenes Zimmer und verbrachte kaum Zeit mit uns.

Es war als wäre sie von uns durch eine Art unsichtbare Linie abgetrennt. Vor allem mir meiner Schwester Elena verstand sie sich nicht besonders gut. Unsere Beziehungen veränderte sich immer wieder über die Jahre und wurde stets entweder von Zorn oder Liebe beeinflusst.

Als ich meine Familie über unsere Kindheit während mehrerer Interviews, die hauptsächlich aus genervten Befragungen zwischen Filmpausen bestanden, befragten war es Elena die mir mit Abstand die besten Antworten gab.

Meine Mutter fragte mich blank, warum ich all das überhaupt fragte, schließlich sollte ich das Buch doch aus meiner Sicht schreiben, woraufhin ich nur erwiderte, dass andere Sichtweisen auch von großer Bedeutung waren. Meine Schwester Marie verdrehte die Augen, wischte sich ein paar Kekskrümel vom Mund und drehte die Lautstärke ihrer Geschichtsdokumentation deutlich lauter. Elena allerdings überlegte für einen Moment und antwortete dann: "Na ja. Also du warst halt nie so besonders interessiert an anderen Kindern. Du warst halt mehr so in deiner Welt..."

Als ich nachfragte benannte sie ein Beispiel als ich ungefähr vier war. Wir waren auf einen Kindergeburtstag eingeladen und befanden uns gerade in der Spielphase. Die Feier fand in einem großen Garten statt. Das Geburtstagskind wollte immer wieder irgendwelche Sachen spielen, die mir wohl so ziemlich egal waren. Ich machte mir keine Mühe irgendwie so zu tun als hätte ich Interesse an ihren ziemlich dummen spielen. Während die andere Blinde Kuh und fangen spielten hatte ich so ziemlich genug und setzte mich, ohne zu fragen einfach in den Sandkasten. Ich begann mir Figuren auszudenken und setzte diese mit steinerner Entschlossenheit in die Tat um. Meine Schwester gesellte sich kurz zu meiner Mutter, die auf einer Bank saß und uns besorgt musterte. Meine Schwester gab sich Mühe mir die Essenz ihres darauffolgenden Gespräches wiederzugeben.

„Warum sitzt sie denn da allein? Wieso spielt ihr nicht mit ihr? "

„Sie spielt nicht mit uns. Sie wollte nicht.", erwiderte meine Schwester und zuckte mit den Schultern. Auf dem Gesicht meiner Mutter bildeten sich Falten. „Aber wieso?"

„Ist doch nicht so schlimm, sie spielt doch bloß allein." „Sie scheint immer allein zu sein, wenn sie nicht gerade mit dir zusammen ist. Sie meidet ohne Grund andere Kinder."

Was daran so schlimm ist, habe ich nie verstanden. Außerdem sollte man anmerken, dass ich keinesfalls immer so Menschenscheu war. Als ich noch sehr jung war träumte ich davon der Anführer einer großen Klicke von Freunden zu werden und supercool zu sein, begann aber schon in der Grundschule diesen Traum sehr schnell aufzugeben.

Es regte mich auf, dass meine Mutter ein Drama darum machte, dass ich keine Freunde hatte. In jungen Jahren war sie selbst nie beliebt und hatte meist keine oder kaum Freunde. Sie war unsportlich und recht schlau, was sie zum jahrelangen Opfer von leichtem Mobbing machte. Vielleicht wollte sie, dass es für uns anders würde und reagierte manchmal mit Zorn über meinen Mangel an Verständnis und manchmal mit großer Freundlichkeit.

Sie war sehr stur, aber ich war es auch.

Wenn sie mir klarmachen wollte, dass ich mir einfach keine Mühe gäbe, reagierte ich mit Zorn und ohne Verständnis. Ich rief: „Was willst du von mir? Dass ich mich beliebt zaubere?"

Sie hatte von Natur aus einem aggressiven und sehr jähzornigen Wesen. Sie redete sich selbst in eine unglaubliche Rage, die erst dann abkühlte, wenn sie sich an uns abreagiert hatte. Sie kam selbst aus einem strengen und aber nicht gewalttätigen Haushalt. Es gab allerdings ein paar Vorfälle, wo mein Großvater irrational und böse reagierte, dennoch beschreibt meine Mutter ihren Vater bis heute als großen Mann. Er starb als ich zwölf war. Ich erinnere mich noch heute an meinen emotionalen Konflikt über seinen Tod. Während seiner letzten Jahre verstanden wir uns deutlich besser und ich überraschte meine Familie und zum Teil mich selbst, als ich nach seinem Tod allen klarmachte, dass er mir egal war und ich sehr erleichtert war, dass er Tod war. In Wahrheit ging in mir ein noch größerer Konflikt vor. Mein Gehirn hatte die unangenehme Eigenschaft sich an einem einzelnen bösen Detail bis zum Wahnsinn festzubeißen. Ich war von Natur aus wortkarg und sehr nach innen gekehrt. In meinem Kopf konnten praktisch Schlachten ablaufen ohne, dass sie wussten was in mir vorging. Sie merkten es nur, wenn ich durch meine ständige psychische Belastung in einer Art dauerhaften Schmerzes gefangen zu sein schien. Meine Großmutter glaubte fest an meine angeblich außergewöhnliche Intelligenz und machte keinen Halt davor mich dementsprechend zu drillen. Gerade war sie von der Quantenphysik besäßen. Sie erzählte mir wie intensiv gedachte Gedanken, in die man Energie reinsteckt, auch anzieht. Dieser Gedanke würde mich über Jahre verfolgen. Ich begann Gedankenspiele zu spielen und mich immer mehr in mir selbst zu verirren. Als ich schließlich hörte, dass mein Großvater im Sterben lag, war ich mir unsicher, wie es mir gehen sollte. Manchmal betete ich voller Inbrunst für seine Heilung, dachte aber auch immer öfter, dass es wahrscheinlich besser wäre, wenn er dennoch sterben würde. Schließlich war er körperlich völlig am Ende und von täglichen Schmerzen geplagt.

Eines Abends kam meine Mutter überraschend gehetzt in unser Wohnzimmer. Sie erklärte, dass sie noch heute den Zug nehmen würde, um sich von ihren zu verabschieden.

Wir warteten die nächsten Stunden geduldig ab. Als das Handy meines Vaters klingelte, wurden wir alle gleichzeitig still.

In den nächsten Wochen dachte ich viel über das Geschehene nach. Ich redete mir ein, dass ich irgendwie schuld an seinem Tod war, weil ich ihn böse Energie gesendet hätte. Es würde Monate dauern bis ich aufhörte mir Vorwürfe zu machen und mir, statt dem Krebs die Schuld zu geben.

Meine Mutter behauptete stets, dass ihr Vater auch Autist gewesen wäre. „Mein Vater hatte mich immer sehr lieb, gefror aber immer, wenn man ihn umarmte. Er konnte auch nie stillsitzen und rannte obsessiv herum genau wie du. Ich glaube sogar, dass er nur den Apothekerjob angenommen hat, um den ganzen Tag in Bewegung bleiben zu können." Und tatsächlich genau wie mein Großvater rannte ich pausenlos. Immer wenn ich etwas aufregendes im Fernsehen sah, begann ich schnell vom Wohnzimmer in die Küche zu rennen. Es war die längste Strecke, die ich laufen konnte, ohne den Fernseher aus den Augen zu verlieren. Ich musste einfach rennen, um meinen Stress abzubauen. Meine Mutter fand es zwar in der Theorie recht lustig, schrie mich aber jedes Mal an, wenn ich einen ihrer Teppiche verrückte. In jüngeren Jahren hatte ich noch ein Trampolin auf den ich immer dann hüpfte, wenn ich wieder das Bedürfnis fühlte hin und herzurennen. Sie bezeichnete es als „kranke Sucht" und war immer sehr wütend, wenn ich irgendetwas umstoß oder stolperte. Für sie war es unverständlich, warum ich mich unbedingt irgendwie beruhigen musste und es nicht aushielt einfach mit ihnen auf dem Sofa zu sitzen.

Manchmal bewegte ich mich auch in der für Autisten typische Vor- und Zurückbewegung. Eines Abends trieb ich es damit entschieden zu weit, als wir gerade einen besonders gewalttätigen Krimi sahen. Nervös schwenkte ich meinen Körper so sehr hin und her, dass selbst mein Vater, der es sonst alles unkommentiert ließ, plötzlich ausrief: „Eh! Lass das gefälligst!" Dieser Laut rief mich plötzlich in die Realität zurück, was auch öfters bitter nötig war. Schon von klein auf schien ich immer wieder in meine eigene Welt einzuweichen und plötzlich alles um mich herum zu ignorieren. Menschen konnten mich direkt ansprechen und ich antwortete ihnen nicht und bemerkte noch nicht einmal, dass sie das Wort an mich gerichtet hatten. Früher dachten meine Eltern, deshalb immer, dass ich Probleme mit meinem Gehör hatte. Natürlich war dem keinesfalls so. Für einen Autisten war es ganz normal in seiner eigenen Welt zu leben, wovon meine Eltern damals aber noch gar nichts verstanden. Ich war von Natur aus wortkarg und introvertiert, was den Großteil meiner Familie in den Wahnsinn trieb. Zusätzlich bemerkte ich vieles auch einfach nicht. Wenn meine Mutter mir einen guten Morgen wünschte überhörte ich oder schlichtweg ignorierte es. Ich sah einfach nicht die Bedeutung in solch langweiligen gesellschaftlichen Floskeln. Für meine sehr extrovertierte Familie war dies alles ein Dorn im Auge. Ich redete wenig, dachte viel nach oder reagierte plötzlich auf unvorhergesehene Weise.

Für meine Familie war ich ein Buch mit sieben Siegeln, was die lästige Angewohnheit hatte komisch und merkwürdig zu reagieren. Zumindest was sie als solches auffassten. Dieses Bild wurde noch dadurch verstärkt, dass ich meine Gefühle so gut wie es ging hinter einem eher passiven Gesichtsauszug stets zu verstecken pflegte. Man konnte mir allerdings ansehen, wenn ich unter großen Stress stand. Ich neigte von Natur aus zur Angst und zum Unwohlsein. Dieses Unwohlsein konnte durch alles Mögliche und praktisch überall hervorgerufen werden.

Die Quelle meines Stresses ließ sich auf eines zurück führen: andere Menschen. Zumindest unbekannte Menschen und am aller schlimmsten: große Menschenmengen. Schon als ich noch sehr klein war empfand ich eine Ansammlung von Menschen als extremst angsteinflößend. Mein Vater war ebenfalls ein recht zurückgezogener Mensch und hatte großes Verständnis dafür, dass ich es nicht mochte viel unter Menschen zu gehen. Meine Mutter hingegen bestand darauf, dass ich mich mehr unter Leute traute. „Du kannst dich nicht immer in deinem Zimmer verkriechen!", warf sie mir bei jeder Gelegenheit vor. Ehrlich gesagt war sie einer der Hauptgründe, dass ich dem Wohnzimmer immer öfters fernblieb. Ich fühlte mich mental nach einem langen Tag in der Schule immer sehr ausgelaugt und dass so ziemlich letzte was ich wollte, war meiner Mutter lang und breit darüber zu erzählen, wie beschissen mein Alltag in der Schule wirklich war. Wenn ich sie nicht Freude strahlend begrüßte war sie stets tief entrüstet. „Ich empfinde es als ziemlich unhöflich, wenn du dich weigerst mir von deinem Schulalltag zu berichten." Und ich versuchte ihr zu erklären, dass es mich aufregte, wenn sie mir nicht einfach etwas mehr Zeit zum Entspannen gab und keine Rücksicht auf meine Empfindungen nahm. "Nein, das werde ich nicht tun! Es ist essentiell Interesse an anderen zu zeigen. Ich wünschte ich könnte es dir endlich begreiflich machen." An sich fand es meine Mutter zwar irgendwie toll, dass ich Autist war, hatte aber keinerlei Verständnis für meine wahren Empfindungen als Autistin. Für sie hatte das eine mit dem anderen nichts zu tun.

Ihrer Meinung waren Autisten lediglich verschrobene Genies. Sie kannte nur die Beispiele von den berühmten Köpfen, über die sie in Fachzeitschriften gelesen hatte. "Sie übertrifft ihre Klassenkameraden bei weitem." Während sie Sätze wie diese äußerte gab sie sich größte Mühe meine damals schlechten Schulnoten schlichtweg zu ignorieren. Wenn ich dann allerdings nicht die außergewöhnlich guten Noten bekam, die sie von mir erwartete, nannte sie mich „faul und enttäuschend." Erst als meine Noten deutlich besser wurden war sie endlich zufrieden. Sie hielt mich auch für das hübscheste ihrer Kinder und reduzierte mich auf mein angeblich vorzügliches Aussehen, wenn immer ich ihre akademischen Anforderungen nicht erfüllte. Sie meinte zwar ich sei klug und hübsch, war aber immer irgendwie unzufrieden mit mir.

Ich litt oft unter mentalen Problemen und zog mich sehr zurück. Mein Zimmer war stets unordentlich und ich hatte große Probleme mich zu organisieren. Sie wollte mit mir über meine Probleme reden, verstand mich aber nie und wurde stets wütend, wenn ich sie um etwas mehr Freiheit bat. Wenn ich in meiner eigenen Welt versank und einfach etwas Ruhe brauchte konfrontierte sie mich absichtlich und versuchte mich in ewige Gespräche zu verwickeln. "Man muss sie zwingen aus ihrem Wahn aufzuwachen." Ich überhörte diesen Satz bei einem ihrer Gespräche mit meinem Vater. Mich ekelte dieses Motto zutiefst an.Ihre Meinung erinnerte mich sehr an die der sogenannten „Ärzte" aus dem viktorianischen Zeitalter, die glaubten durch Gewalt Menschen vom Wahnsinn zu befreien. Vor meinem geistigen Auge sah ich Bilder von elektrogeschockten Menschen und verzweifelten Patienten. Sie warf mir immer wieder vor unfähig zu werden. Über die Jahre wurde ich immer ehrgeiziger und arbeitete immer härter daran meine Pläne zu verwirklichen. Meine Mutter hielt mich zwar für begabt genug, um es an eine gute Universität zu schaffen, aber nicht fähig dort selber zu leben. Sie behandelte mich wie einen geistig schwer behinderten und gab sich jede Müde mein Streben nach einer großen Zukunft zu zerschlagen. „Du wärst einfach nicht ohne uns lebensfähig!", warf sie mir eines Tages nach einer hitzigen Diskussion vor. Aber ich schwor mir nicht aufzugeben. Gott sollte mein Zeuge sein, dass ich es schaffen würde und jedes meiner Hindernisse überwinden würde. Meine Mutter wünschte sich, dass ich in der Nähe blieb, ein einfaches Studium in etwas machte, dass mich nicht interessierte und irgendeinen netten Jungen heirate, mit dem ich einige rothaarige Kinder bekäme. All das war ihr

Plan, den sie mir aufzwingen wollte, aber ich würde lieber aus ihrem beachtlichen Testament gestrichen werden, auch wenn das bedeutete, dass ich es schwieriger haben würde. Ich würde nicht mein ganzes Leben von einer anderen Frau kontrollieren lassen nur um dann mit etwa 50 mein Erbe anzutreten. Das mit dem Erbe war noch nicht mal ein Witz. Meine Mutter hatte öfters auf sehr bösartige Weise gescherzt, dass sie alles an Elena vermachen würde, da es ja keinen Sinn hätte für mich und Marie zu sorgen, wenn wir ohnehin keine Kinder haben würde. Elena lachte darüber, ich aber nicht. Ich ignorierte ihre Worte und plante weiter meine Zukunft. Meiner Meinung nach sollte niemand ein Leben wählen, dass nicht das bestmögliche war. Meine Mutter war stur und konnte sehr hart sein, aber ich auch. Ich mochte zwar Autist sein und in manchen Bereichen tatsächlich beeinträchtigt, war aber mehr als bereit an mir zu arbeiten und meine Schwierigkeiten zu überwinden. Wenn meine Mutter ernsthaft dachte, dass ich einfach den Kopf in den Sand stecken und aufhören würde für meinen Traum zu kämpfen, dann hatte sie mich eindeutig unterschätzt!

Ein kurzer Ausflug in die Historie

Alles begann mit dem Schweitzer Psychiater Eulen Bleuer. Er war es, der den Begriff erstmals im Jahre 1911 prägte. Bleuer teilte Autismus einer schweren psychischen Erkrankung namens Schizophrenie zu. Menschen, die an Schizophrenie erkrankt sind weisen eine Vielzahl an schwerwiegenden Symptomen auf. In der Regel leidet der Erkrankte an einer verzerrten Wahrnehmung und starken emotionalen Schwankungen. Bleuer selber beschrieb Autismus als Loslösung von der Wirklichkeit.

Der nächste berühmte Psychiater, der sich diesem Thema annahm, war Sigmund Freud. Er benutzte den Begriff als Synonym für Narzissmus oder Selbstbezogenheit. Freud verwendete es als Gegenteil zum Wort sozial, weshalb sich der ohnehin schon negativ behaftete Ruf dieses Begriffes noch weiter verschlechterte.

Hans Asperger und Leo Kanner begannen ungefähr zeitgleich an Sigmund Freuds Ansichten bezüglich Autismus weiter zu arbeiten. Leo Kanners Auffassungen unterschieden sich von den Hans Aspergers.

Kanners Vorstellungen über Autismus waren so gut wie identisch mit unseren heutigen Auffassungen des sogenannten „frühkindlichen Autismus". Aus diesem Grund wird der frühkindliche Autismus auch als „Kanner Syndrom" bezeichnet.

Leo Kanner war ein Jugendpsychiater und deshalb mehr mit dieser Form des Autismus vertraut. Seine Theorien waren zum Großteil, aber nicht vollständig korrekt. Einer seiner eher fehlerhaften Theorien besagt, dass Autismus nicht von alleine entsteht oder schon von Anfang an bei einem Menschen vorliegt. Stattdessen war er der Auffassung, dass Autismus das Resultat einer kaltherzigen Mutter wäre, die ihr Kind durch Liebesendzug zum emotionalen Krüppel verkümmern ließ. In späteren Jahren revidierte er allerdings diese These.

Im Jahre 1944 veröffentlichte er erstmals seine diesbezüglichen Thesen. Die Thesen seines Kollegen Hans Asperger fanden schnell großen Anklang und wurden weltweit bekannt, wohingegen Leo Kanners Thesen für Jahrzehnte unbekannt blieben. Der Grund dafür war, dass er sie auf deutsch schrieb und nicht übersetzen ließ, was in Anbetracht der damaligen anti-deutschen Stimmung extrem problematisch war. Hans Asperger veröffentlichte seine Thesen zunächst in Archiv für Psychiatrie und Nervenkrankheiten. Es ist wichtig zu bedenken, dass Autismus damals einen deutlich schlechteren Ruf hatte als heutzutage. Er nannte seine Form des Autismus „autistische Psychopathie". Bei Psychopathie handelt es sich um eine starke Dissoziale Persönlichkeitsstörung. Sie sind stark emotional beeinträchtigt und viele Experten gehen davon aus, dass sie zumeist hemmungslos Aggression einsetzen, um Kontrolle und Macht auszuüben. Ihnen fehlt oft die Fähigkeit sich in andere Menschen hineinzuversetzen. Sie haben keine Schuldgefühle bei gesetzeswidrigen und unmoralischen Verhalten und bilden deshalb eine große Gefahr gegenüber der Gesellschafft. Psychopathen teilen zwar einen gewissen Mangel an Empathie wie bei Autisten, was aber nicht bedeutet, dass es dasselbe ist.

Autisten sind keinesfalls automatisch frei von Schuldgefühlen, auch wenn es sie Probleme haben sich in andere hineinzuversetzen. Da Psychopathie allgemein etwas anderes ist als Autismus und der Begriff „Psychopathie" immer noch sehr negativ behaftet ist, verwendet man diesen Begriff heutzutage nicht mehr.

1979 verglich Hans Asperger in einem weiteren Artikel zum ersten Mal seine Ansichten mit den von Leo Kanner. Er zählte die Gemeinsamkeiten

und Unterschiede ihrer Theorien auf und kam zu dem Schluss, dass es sich bei ihren beiden Ansichten um zwei verschiedene Entwicklungsstörungen handeln würde. Eine Frau namens Lora Wing entwickelte seine Arbeit in den 80-ern weiter und gab der von ihm entdeckten Form des Autismus zum ersten Mal den Namen „Asperger-

Syndrom". In den 90-er Jahren erlangte Hans Aspergers Arbeit in Fachkreisen große Anerkennung und ist bis heute die wohl bekannteste Form des Autismus.

Das autistische Spektrum

Viele halten Autismus für eine einzelnes Syndrom, tatsächlich ist es aber ein großes Spektrum mit vielen verschiedenen und sehr spezifischen Abgrenzungen. Es ist ein Sammelbegriff für verschiedene Formen des Autismus wie den frühkindlichen Autismus, das Asperger – Syndrom und den atypischen Autismus. Generell tritt Autismus in verschieden Schweregraden und Formen auftreten. Es gibt also Menschen mit einer deutlich weniger gravierenderen autistischen Störung als andere. Dies macht sie aber nicht weniger autistisch. Es bedeutet nur, dass ihre Autismus – Spektrums – Störung weniger stark ausgeprägt ist als bei einem hochfunktionalen Autisten. Bei einer leichteren Ausprägung ist es den meisten Autisten möglich ein unabhängiges und freies Leben zu führen. Bei Menschen mit frühkindlichem Autismus liegt in der Regel eine sehr schwerwiegende autistische Störung vor, im Gegensatz zum Asperger-Syndrom, wo Betroffene oft eine deutlich abgeschwächte Version von Autismus haben.

Aus wissenschaftlicher Sicht ist Autismus eine tiefgreifende Entwicklungsstörung, die als Störung auf dem autistischen Spektrum diagnostiziert wird.

Bei Kleinkindern mit frühkindlichem Autismus zeigen sich die Symptome bereits vor Beginn des dritten Lebensjahrs, entwickeln sich aber bei den meisten Autisten erst später. Die meisten Menschen kennen die Haupteigenschaften von Autismus gut oder glauben es zumindest. Seit einiger Zeit rückt das Thema Autismus mehr und mehr ins Licht der allgemeinen Bekanntheit.

Dennoch kennen die meisten nur die Klischees und besitzen recht wenig echtes Wissen. Viele glauben man könnte einen Autisten einfach so mir nichts dir nichts selbst diagnostizieren. Tatsächlich weisen Autisten eine Großzahl an oft übersehenen Symptomen und Angewohnheiten auf. Den angeblich typischen Autisten, der uns von den Medien vorgelebt wird, grenzt an einem emotionalen Krüppel mit kaum Charakter und Interessen. Dieses Bild hat meiner Meinung nach nur wenig mit der Realität zu tun.

Die grundlegende Gemeinsamkeit, die alle Autisten ausmacht, ist die Schwierigkeit im Umgang mit anderen Individuen. Soziale Interaktion ist für Autisten ein wahres Minenfeld voller Gesten und Emotionen, die sie nur schwer identifizieren und verstehen können. Diese Form der Beeinträchtigung führt oft zu gravierenden Problemen in alltäglichen Leben und erschwert ihren Alltag imens. Nicht nur haben sie es selbst schwerer ihr Gegenüber zu verstehen, zusätzlich werden sie grundlegend missverstanden und zumeist auch ausgegrenzt. Mittlerweile ist unsere Gesellschaft deutlich offener was Minderheiten jeglicher Art angeht. Allgemein ist es gerade in jungen Jahren für die Mitglieder einer solchen Minderheit deutlich schwerer ein gutes und sozial aktives Leben zu führen. Gerade sehr junge Menschen haben oft sehr wenig Verständnis, wenn es zu einer Behinderung kommt, auch wenn sie nicht ofenkundig zu sehen ist, weshalb es umso wichtiger ist für eben dieses Verständnis zu sorgen. Meiner Meinung nach entsteht der meiste Zwist aus Frustration und Missverständnissen entsteht und nicht aus reiner Bosheit.

Mit dem Finger allein auf Nicht – Autisten zu zeigen wäre aber auch nicht fair. Für einen Autisten ist es wie bereits erwähnt sehr schwierig andere Menschen richtig zu deuten, was natürlich zu Missverständnissen und Problemen führen kann. Unausgesprochene Regeln wie gewisse Tabuthemen sind für sie keinesfalls selbstverständlich und werden deshalb oft übersehen. Autisten schaffen es so regelmäßig unabsichtlich in für sie unsichtbare Fettnäpfchen zu treten und ihr Gegenüber unabsichtlich zu

verärgern. Ein kaum vorhandenes Verständnis an Ironie und Sarkasmus kommt noch erschwerend hinzu. Autisten nehmen Äußerungen anderer Menschen in der Regel vollkommen wörtlich und tuen sich zum Teil extremst schwer auch die ofenkundigsten Nachrichten zu versteckten. Dies führt zu Belustigung oder Zorn bei den meisten Menschen und zu vollkommener Verwirrung bei Autisten.

Kommunikation ist bei Autisten generell erschwert. Bei einer direkten Interaktion können gleich mehrere Probleme auftreten unter andere. Einer meiner größten Probleme als Autist war die richtige Menge an Augenkontakt aufrechtzuerhalten. Ich empfand es als sehr schwierig zu erkennen, wann ich wegschauen sollte und wann hinsehen. Meistens starrte ich eiskalt ins Gesicht eines Menschen bis ich schließlich darauf hingewiesen wurde es zu unterlasse. Ich habe nie verstanden, was daran so schlimm war, aber offenbar war ich in der Lage Menschen damit in den Wahnsinn zu treiben. Während meiner früheren Schulzeit war ich in einer Klasse mit einer Reihe von sehr aggressiven Kindern, die es zum Großteil auf mich abgesehen hatten. Sie suchten nur nach einer Ausrede sich über mich zu beklagen. Es geschah durchaus öfters, dass sich andere Kinder beim Lehrer beschwerten. Bei diesen Gelegenheiten dachte ich mir immer, wie man so überreagieren konnte. Trotzdem hatte es mich so verunsichert, dass ich von dort an immer auf den Boden blickte. Dies ging so weit bis ich schließlich gegen eine Laterne lief und meine Eltern mich darauf hinweisen mussten, dass ich gefälligst aufpassen sollte, wo ich hingehe. Für mich war es ein typisches Beispiel wie eine scheinbare Kleinigkeit zu einem großen Problem für einen Autisten werden konnte.

Es endete schließlich damit, dass ich völlig verwirrt jemanden für eine Weile anstarrte und dann für ein bis zwei Minuten wegsah, bis ich mich irgendwann wieder traute hinzusehen.

Neben einer erschwerten Kommunikation werden Autisten auch durch eine Großzahl an weniger auffälligen Symptomen ausgezeichnet. Sie besitzen ein stereotypisches und gleichbleibendes Verhalten, sowie ein reduziertes und sehr ausgeprägtes Interesse an einem bestimmten Gebiet. Vor allem in sehr jungem Alter ist es für einen Autisten sehr schwierig sich Veränderungen zu unterwerfen.

Sich in ihre Umgebung miteinzufinden ist für sie extrem schwierig. Gerade Menschen sind besonders schwierig in ihr Leben neu einzuordnen.

Bis sie sich vollkommen an etwas neues gewöhnt haben, dauert es eine lange Zeit und führt zu großer Frustration, wenn ihr ganzes System neu umgeworfen wird. Neue Menschen und Gewohnheiten bringen eine große Menge an Unsicherheiten mit sich und es braucht eine lange Zeit sich an ihre neue Situation zu gewöhnen. Rituale und ein vertrautes Verhalten haben auf sie einen beruhigenden Effekt, weil sie zur Abwechslung wissen, was sie erwartet und worauf sie sich einstellen müssen. Für sie ist es schwerer etwas Neues in ihr Leben einzuordnen und jegliche neue Bekanntschaft bringt große Unsicherheit mit sich.

Ein sehr interessantes, aber häufig übersehenes Merkmal eines Autisten ist ein stark ausgebildetes Interesse an einem einzelnen Themenbereich.

Für gewöhnlich findet ein Autist ein einzelnes Thema, auf das er sich vollkommen konzentriert. Dabei kann es sich um praktisch jedes Thema handeln. Für mich war es die mittelalterliche Tudor Ära. Ich habe mich immer sehr für Geschichte interessiert, bekam aber vollkommen besessen mit den Tudors und der Renaissance. Über die Jahre habe ich Buch über Buch praktisch verschlungen und mir ein beachtliches Wissen angeeignet. Ein solches Interesse brachte mir viele merkwürdige Blicke ein, störte mich aber nie. Eine außergewöhnliche Faszination über ein einzelnes

Thema scheint zwar nicht besonders ungewöhnlich, ist meiner Meinung nach aber ein starkes Indiz. Besonders auffällig ist es allerdings, wenn es sich um ein sehr merkwürdiges Interesse handelt. Manche Autisten zum Beispiel lieben Züge, Fische oder Enten. Wenn man sie dann auf eines dieser Themen ansprechen würde, könnten sie einen Stunden darüber berichten, ohne dabei Müde zu werden. Alles in allem sind die Symptome für Autismus deutlich vielschichtiger, als man denkt. Wer diese Merkmale kennt, müsste in der Lage sein einen Autisten zu erkennen. Wer aber wirklich eine Diagnose möchte, muss einen Spezialisten aufsuchen, um sich seiner Situation vollkommen sicher zu sein.

Asperger Autismus

Autismus gilt allgemein als ein großes und komplexes Spektrum mit vielen möglichen Abgrenzungen. Einer der wohl bekanntesten Formen des Autismus ist das Asperger – Syndrom. Neben dem Asperger – Syndrom gibt es unter anderem den hochfunktionalen Autismus, mit dem er zumeist gleichgesetzt wird. Es wird allgemein diskutiert, ob es sich hierbei wirklich um die selber Form des Autismus handelt, oder ob man diese voneinander abgrenzen sollte. Zumindest erscheinen sie identisch in allen wesentlichen Aspekten wie der Sprachentwicklung und der Motorik. Viele Experten argumentieren, dass das Asperger – Syndrom erst nach der ersten wirklichen Konfrontation mit Gleichaltrigen diagnostiziert werden kann, womit sie sich in der Regel auf die Einschulung beziehen. Symptome des Asperger – Syndrom können allerdings bereits nach dem dritten Lebensjahr auftreten. Es kann durchaus geschehen, dass ein Kind zuerst mit hochfunktionalem Autismus diagnostiziert wird, dann aber die Diagnose zu Asperger geändert wird. In diesem Fall besteht kein Grund zur Besorgnis, da stets in Fachkreisen darüber diskutiert wird, ob überhaupt ein Unterschied zwischen den beiden existiert. Es ist wichtig sich daran zu erinnern, dass

Autismus ein breites Spektrum ist und Menschen sehr komplex sind. Auch wenn jeder Form des Autismus eine gewisse Sprachentwicklung, Motorik und Intelligenz zugesagt wird, so können natürlich auch diese Faktoren zumindest äußerlich von der Persönlichkeit eines Kindes beeinträchtigt werden.

Asperger Autismus ist wahrscheinlich das Thema, mit dem ich mich am meisten auseinandergefasst habe. Ich selber wurde mit ungefähr 12 als Asperger – Autistin diagnostiziert. Ich habe die Symptome an mir nie wirklich gesehen. Für mich war ich einfach immer ich. Mir war bewusst, dass etwas an mir anders war, aber ich hatte nie erwartet, dass dahinter eine Entwicklungsstörung stecken könnte.

Für mich ist Asperger – Autismus ein sehr komplexes und interessantes Thema. Um jemanden als Asperger – Autist zu erkennen, sollte man so gut wie irgend möglich über die klassische Entwicklung eines Aperger – Autisten. Am besten fangen wir ganz von vorne an.

Die ersten Symptome zeigen sich bereits in sehr jungen Jahren, aber erst später als bei frühkindlichen Autisten. Im Vordergrund der Entwicklung eines Autisten stehen zunächst nicht die kommunikativen Schwierigkeiten, die in der Regel erst später offensichtlich werden, sondern ihre motorische, sprachliche und intellektuelle Entwicklung. Einer der größten Unterschiede eines Menschen mit Asperger und einem mit frühkindlichen Autisten ist es, dass Autisten keine Beeinträchtigung in ihrer sprachlichen Entwicklung vorweisen. Lediglich ihre motorische Entwicklung ist zum Teil verzögert. Auch in späteren Jahren sind einige, aber nicht alle Asperger – Autistin motorisch beeinträchtigt und besitzen nur eine mangelnde Koordinationsfähigkeit.

Ihre typische Intelligenz steht ebenfalls im Gegensatz zu anderen Formen des Autismus.

Menschen mit dem Asperger – Syndrom sind in der Regel durchschnittlich bis überdurchschnittlich intelligent. Trotz ihres für gewöhnlich großen Wortschatzes haben sie große Schwierigkeiten bei Kommunikation. Wie alle Autisten weisen sie Auffälligkeiten und Probleme in sozialem Bereich und haben große Schwierigkeiten im Umgang mit anderen Menschen. Allgemein gilt das Asperger – Syndrom als eher milde Form des Autismus. Dazu muss man allerdings ergänzen, dass Autismus in unterschiedlich starker Ausprägung vorliegen kann. Manche Aperger – Autisten können nur sehr erschwert ein eigenes Leben führen wohingegen andere nur geringe Schwierigkeiten aufweisen.

Auf die meisten wirken sie unnahbar und merkwürdig. Diese Ansichten lassen sich auf gleich mehrere Aspekte zurückführen.

Sie sind von Natur aus sehr introvertiert und scheinen sich geradezu in ihre eigene Welt zurück zu ziehen. Asperger – Autisten nehmen sehr viel gleichzeitig war. Dieses Übermaß von Eindrücken veranlasst sie sich selbst vollkommen von ihrer Umgebung abzuschatten.

Generell sind Asperger – Autisten sehr mit sich selbst beschäftigt. Sie sind sehr gut in der Lage sich mit sich selber zu befassen. Sich in andere Menschen hineinzuversetzen ist für sie extrem kompliziert und bereitet ihnen große Probleme. Dennoch sind sie eher bereit auf Gleichaltrige zuzugehen als andere Autisten. Sie versuchen zum Teil Kontakte zu knüpfen, haben aber große Schwierigkeiten dabei. Es ist für sie sehr schwierig die Mimik, die Gestik und den Tonfall eines Menschen zu deuten. Ihre Intuition ist stark beeinträchtigt.

Eine andere Tatsache, die auf einen nicht Asperger – Autisten sehr merkwürdig wirkt ist die Neigung zu ungewöhnlichen und stark ausgeprägten Interessen.

Sie sind genau wie andere Autisten von Natur aus einem monotonen und starren Ablauf zugetan.

Zusätzlich tritt das Asperger – Syndrom zumeist mit einer Reihe von Zwängen und Störungen.

All diese Punkte zusammen ist es wenig verwunderlich, dass Asperger – Autisten allgemein als „wunderlich und merkwürdig" von den meisten angesehen werden. Zusammenfassend kann man sagen, dass Menschen mit dem Asperger – Syndrom alle grundlegenden Symptome eines Autisten erfüllen, jedoch eine besonders hohe Intelligenz besitzen und zu Tics und Eigenarten neigen.

Meine Grundschulzeit

Persönlich habe ich nie verstanden, was daran so toll sein soll in die Schule zu kommen. Auch hatte ich keinerlei Verlangen nach neuem Wissen.

Mein Leben lang wurde mir gesagt, dass ich sehr begabt sei. Auch fütterte man mich mit Vorurteilen und Stereotypen wie sich die sogenannten „intelligenten Kinder" angeblich verhielten. Stereotypyen, die den Ansichten der Gesellschaft entsprachen und nicht meinen eigenen. Angeblich lasen kluge Kinder immer sehr gerne Bücher, machten nie Unsinn und brachen auch sonst keine Regeln. Als ob „klug" zu sein dasselbe wie „brav" sei. Auch war ich nie organisiert. Ich vergaß Sachen und hatte stets einen unordentlichen Ranzen. Alles sehr ungewöhnlich für ein so „schlaues Kind". Dabei schien sie nie zu bemerken, dass schlau nicht gleich Musterschüler bedeutete. Ich sah es nie als Zeichen, dass ich nicht besonders schlau wäre, aber ich schien nie den typischen Erwartungen weder eines schlechten noch eines guten Schülers zu erfüllen. Ich erschien nie zu spät, aber meist unvorbereitet zum Unterricht. Für meine Lehrer war ich ein Rätsel, da ich eindeutig nicht dumm, aber auch kein guter Schüler war. In meinem ersten Schuljahr erhielt ich kein Zeugnis und hatte keine Ahnung wo und wie ich für was genau bewertet würde. Natürlich erwartete ich nur Einsen zu bekommen als ich dann erstmals Noten erhielt. Tatsächlich bekam ich nur Zweien und Dreien, sah aber noch nichts Schlimmes daran. Zu ungefähr Ende der zweiten Klasse begannen meine Eltern mir großen Druck zu machen und mir klar zu machen, dass ich meine Zukunft wegwerfen würde. Warum sie sich so sehr anstellten verstand ich damals einfach nicht. Ich hatte mir auch bessere Ergebnisse erhofft, sah aber nicht den Grund mir jetzt solchen Druck zu machen. Meine Mutter hatte sehr hohe Erwartungen an meine schulischen Leistungen und hatte kein Verständnis für mein Versagen. Ihr Vater bestärkte sie in ihren Ansichten mit Geschichten aus ihrer eigenen Kindheit. „Du warst nicht besonders fleißig. Als du dann aber einmal dich ans Lernen gewöhnt hattest, hat es doch geklappt". Schrieb sie nur eine Zwei fragte er sie ob sie zu faul oder zu dumm sei eine Eins zu schreiben.

Erst nach und nach gewöhnte ich mich daran Leistungen erbringen zu müssen. Ich fand den Unterricht furchtbar sinnlos und nervtötend, gab mir aber Mühe mich entsprechend in den Unterricht miteinzubringen. Dennoch sah ich hinter vielem einfach den Sinn nicht. Auch analysierte ich das Lernsystem schon von früh auf kritisch.

Musste es für einen Lehrer nicht unglaublich dämlich sein uns Fragen zu stellen, wo er die Lösung schon kannte. Ich regte mich auch über unpraktische Tischverteilungen und schlechte Sitzplatzordnungen auf.

Meine Noten waren deutlich besser geworden als vorher und meine Eltern dementsprechend zufrieden. Darüber war ich überaus erleichtert und freute mich auf Gymnasium zu kommen. Am besten am Gymnasium fand ich, dass es anders war als die Grundschule war. Zumindest hoffte ich es inständig, den auch wenn es schulisch gut ging, war ich nicht glücklich an meiner alten Schule gewesen. Der Grund dafür waren meine schlechten Beziehungen zu den gleichaltrigen Schülern.

Ich war bereits im Kindergarten das erste Mal mit anderen Kindern zusammengepfercht worden, was spektakulär katastrophal endete.

In der Grundschule würde sich nicht viel ändern, dachte ich mir. Oder vielleicht doch?

Das Gymnasium

„Aber das kannst du doch nicht sagen!", betonte meine Lehrerin mit offensichtlicher Aggression in der Stimme. Ich schaute verunsichert auf den Boden und trabte weiter hinter ihn her wie ein treudoofes Kamel. Dann sollten sie auch nicht fragen, sie dumme Kuh, dachte ich mit ebenfalls steigender Aggression. „Sie haben doch gefragt...", erwiderte ich eher zögerlich. „Das war eine rhetorische Frage", konterte sie. Ich versuchte mich noch irgendwie rauszureden. „Na ja Ironie und sowas liegt mir nicht besonders", was keineswegs gelogen war. „Dann musst du eben lernen mit so etwas besser umzugehen", fuhr sie fort. Ich war mir nicht sicher, ob ich jetzt einknicken oder standhalten sollte. Und dabei hatte die Unterrichtsstunde ganz gut angefangen. Wir hatten einen von Frau Walters berüchtigten Vokabeltest geschrieben, denen sie generell viel zu viel Bedeutung zusprach. Ich musste mir meine Punktzahl nicht ansehen, um zu wissen, dass ich die 14 Punkte Marke getroffen hatte. Dies gelang mir zwar nicht so oft wie ich wollte, aber immerhin. Auch wenn ich das Ergebnis bereits kannte, drehte ich den kleinen Zettel herum und grinste breit. Das fängt ja gar nicht so schlecht an für einen Montag – Morgen, dachte ich und so war es auch, für circa 5 Minuten. Danach ging es nur noch Berg ab. Zuerst fragte sie uns über alle möglichen Theoriefragen ab, die ich nicht beantworten konnte und forderte uns dann auf Gruppen zu bilden, um Telefongespräche nachzustellen. Ich hätte echt Philosophie oder so einen Scheiß wählen sollen, dachte ich während ich mich mit Alexander an einem Tisch setzte. Erst arbeiteten wir für Zehn Minuten an einer unfassbar langweiligen Übersetzungsaufgabe nur um diese in einer Art nachgestellten Telefondialog darzustellen. Ich präsentierte meinen Gesprächsteil ein wenig holprig, aber durchaus gut. Umso mehr ärgerte es mich als Anna, ein besonders unfreundliches Mädchen aus meinem Kurs, meine vielen Fehler betonte. Anna war Frau Walters Lieblingsschülerin und wurde von ihr immer bevorzugt. Als zwischendurch auch noch ein anklagendes „Ja, da musst du darauf achten" kam, brannte meine letzte Sicherung durch. „Also dann wechselt mal Partner. Du kannst mit Anna zusammenarbeiten. Das geht doch klar für euch, oder?" „Ehrlich gesagt nein!" Sie schien mich entweder nicht gehört zu haben oder mich zu ignorieren. „Setzt euch um".

Annas schlampig manikürte Hand schoss in die Höhe. „Frau Walter…fRAuuuU WaAaalllllttTEr!", quietschte Anna.

„Ja, Anna?", fragte sie zuckersüß zurück.

„Ich glaube sie will nicht mit mir arbeiten. Hat sie gerade gesagt!"

„Fünf Minuten Pause rief sie im scharfen Ton."

Mit einer für ihr enormes Gewicht überraschenden Geschwindigkeit hievte sie sich hoch und trabte schnaufend auf mich zu. „Hast du das wirklich gesagt?"

Anna feixte. Ich blickte in Frau Walters sehr molliges und zorniges Gesicht. Ihre Wangen hatten einen bedrohlichen magentafarbenen Ton angenommen.

Ich spürte wie mir die Galle angesichts dieser Ungerechtigkeit hochstieg. „Ja", gab ich kurzangebunden zurück. „Aha, lasst uns zur Pause raus gehen. Wehe einer nimmt die Maske ab wenn wir draußen sind!"

Auf den Weg zum Ausgang hielt sie mich auf. Mit ihrem in ein Blümchenmuster gehüllten Arm blockierte sie mir den Weg. Die darauffolgende Konversation dauerte deutlich länger als die angepeilten Fünf Minuten. Es endete mit einem kurzen Elternanruf, der mir allerdings nichts ausmachte. Mit so etwas hätte man mich mit Sechs einschüchtern können, aber jetzt nicht mehr.

Meine Mutter fragte kurz nach, ließ die Sache aber dann auf sich geruhen. Das damalige Erlebnis zeigte mir das Ehrlichkeit allgemein zutiefst überschätzt wird. Zudem sollte man niemals auf eine rhetorische Frage antworten, egal wie verlockend auch die Gelegenheit ist.

Zu diesem Zeitpunkt war ich bereits mehrere Jahre an dieser sogenannten Schule gewesen. Als wäre es gestern gewesen erinnere ich mich an den ersten Tag, der diesen Horrorbau offiziell zu meiner Lehranstalt machte. Ein Ort, der über Jahre für mich den Inbegriff sozialer Qualen kennzeichnen sollte. Das Gymnasium war eine orange-graue sehr hässliche Schabracke.

Tatsächlich war es lange mein Traum gewesen in diese Hallen einzutreten.

Meine Eltern hatten mich zuvor liebevoll mit allem nötigen ausgestattet. Ich stieg voller Erwartung aus unserem schwarzen Mercedes. Leider gab ich ein weniger malerisches Bild ab als unser Auto. Meine Mutter hatte mir für den heutigen Tag ein äußerst merkwürdiges Pullover Kleid rausgesucht, welches in allen Farben des Regenbogens leuchtete. Zu allem Übel hatten sich meine Haare an dem Kleid elektrisch aufgeladen und standen mir nun wie goldener Stacheldraht vom Kopf ab. Dazu kombinierte ich wenig geschickt meinen Scout Rucksack bedeckt mit Meerjungfrauen. Die Klasse war ein schäbiger, aber großer Raum mit kackbraunen Wänden und großen Fenstern. Abgesehen vom absolut nötigsten war der Raum leer und klinisch sauber. Offenbar hatten die Putzfrauen ganze Arbeit geleistet. Neben dem Lehrerpullt gab es noch fünf große Tischgruppen an dem je sechs Kinder saßen. Auf jedem Platz lag ein kleines Geschenk in Form einer Saft Box. An meinem Tisch waren ausschließlich Mädchen türkischer Herkunft platziert, die alle bereits miteinander von früher vertraut waren. Neben mir saß ein hübsches Mädchen namens Hatice. Sie hatte ein herzförmiges Gesicht, eine leichte Himmelfahrtsnase und schöne braune Augen samt unglaublich dichter Wimpern. In all den Jahren sollten wir noch einiges zusammen erleben. Das meiste davon sollte deutlich positiver ausfallen als meine Erfahrungen mit meinen anderen Sitznachbarn unseren sogenannten „Klassenkammeraden". Als Soldat hatte mein Vater mir stets die Werte der Kameradschaft und des Zusammenhalts ans Herzen gelegt. Tatsächlich wünschte ich mir nichts mehr als Teil einer großen Gruppe zu sein, die sich gegenseitig unterstütze und beschützte. Ich war damals der Ansicht, dass ich es auch irgendwann schaffen würde Teil einer solchen Gruppe zu sein. Meine Methoden mich beliebt zu machen bestanden hauptsächlich darin viel zu lächeln und mein Essen mit anderen zu teilen. An Anfang schien es sogar zu funktionieren. Hatice und ich verbrachten viel Zeit damit in der Pause über den Schulhof zu flanieren. Dabei lästerten, diskutierten und stritten wir über praktisch alles. Zu Beginn war ich somit Teil ihrer Freundesgruppe und nie allein. Nach ein paar Wochen änderte sich jedoch alles. Nach und nach schien ich auf das Abschiebgleis geschoben zu werden. Anfangs ging noch alles gut, wo ich mich einfach darauf spezialisierte, freundlich zu nicken und zu allem zuzustimmen. Irgendwann jedoch reichte das nicht mehr aus. Wir gerieten immer öfter aneinander. Alles mögliche konnte dafür ein Auslöser sein. Zusätzlich wurde ich zunehmend genervt von ihnen. Leider schaffte ich es nicht immer meine wachsende Abneigung zu verstecken, was meine Situation drastisch verschlechterte. So war es immer, wenn ich neue Kinder kennenlernte. Solang alles oberflächlich und formell blieb, kam ich mit eigentlich allen gut klar. Allerdings schaffte ich es nie dauerhafte Freundschaften zu halten. Irgendwann schaffte ich es immer mich mit allen zu überwerfen und leider auch nie mich wirklich wieder zu versöhnen. Mit wem ich mich gerade verstand oder wäre mich überhaupt tolerierte änderte sich wöchentlich.

Für mein Alter war ich ein sehr ernstes und leises Kind. Am schlimmsten fand ich die ohrenbetäubende Lautstärke in den Pausen. Als Autist reagierte ich besonders stark auf laute Geräusche und Reize. Davon wusste allerdings niemand etwas und sie schienen auch kein Problem damit zu haben, um die Wette zu brüllen. Sie jagten einander über den Schulhof und schubsten sich gegenseitig als gäbe es kein Morgen. Vor gebrochenen Knochen und Schürfwunden schien keiner außer mir Angst zu haben. Immer öfter versuchte ich mich solchen Aktivitäten zu entziehen, womit ich mich nicht gerade beliebt machte. Die älteren Schüler erschienen mir wie Berge und äußerst bedrohlich. Meine Schwester Marie war zwar auch an der Schule, verbrachte aber mehr Zeit mit ihren Freunden als mit mir. Dafür konnte ich sie allerdings nicht verurteilen, weil sie über fünf Jahre älter war als ich.

Nach und nach wurde ich immer weiter ausgeschlossen und bald wollte selbst Hatice nichts mehr mit mir zu tun haben. Plötzlich fand ich keinen Partner zur Gruppenarbeit mehr. Alles waren sofort bereits vergeben und guckten dabei meist an mir vorbei. Nur wenige Wochen nach Schulbeginn hatte ich es geschafft mich völlig unbeliebt zu machen und mich völlig zu isolieren. Jedem Abend kam ich nach Hause und jedem Abend fragte mich meine Mutter freundlich, wie es denn gewesen war und ich lächelte und erwiderte, dass es schön und sehr lehrreich gewesen sei. Tatsächlich lernte ich so einiges dieser Tage. Ich lernte, dass ich trotz meiner ursprünglich guten Noten ein beschissener Gymnasiast war und zu guter Letzt, dass meine ursprünglichen Hoffnungen jemals Freunde zu finden offenbar absoluter Schwachsinn waren. In meinen Kopf war das Gymnasium meine Chance völlig neu zu beginnen und endlich beliebt zu werden. Jegliche meiner Ambitionen wurden brutal zerschlagen. Egal wie viel Mühe ich mir gab etwas Schönes anzuziehen und doch noch irgendwie das Ruder rumzureißen waren umsonst. Meine Noten wurden zeitgleich immer schlechter. Dies lag tatsächlich nicht an den Kindern, sondern an mir. Ich war beim Lernen schon immer etwas langsamer als meine Klassenkameraden. Mittlerweile begriff ich aber fast nichts mehr was einer unserer Lehrer an der Tafel predigte. Selbst Kunst, welches mein damaliges Lieblingsfach war plötzlich einfach nur langweilig. Ich glitt immer weiter vom rechten Pfad ab und erwartete trotzdem gute Noten. Als ich dann meine erste fünf im Referat bekam brach meine Welt zusammen. Etwa an dieser Stelle begann die Depression sich einzuschleichen. Was mir früher alles Spaß machte schien jetzt öde und langsam. Auf die Fragen meiner Eltern wie alles lief antwortete ich abwehrend. Die ganze Zeit dachte ich nur an mein Versagen und wie sinnlos doch alles plötzlich schien. Meine Eltern waren viel zu neugierig, meine Schwestern bevormundend und meine Lehrer verzweifelt.

Gleichzeitig sank meine Beliebtheit immer weiter. Mittlerweile wurde ich nicht nur ignoriert, sondern wurde beleidigt, weggestoßen und von den Lehrern vernachlässigt. Mein Klassenlehrer bemerkte zwar den wachsenden Disput zwischen mir und den Rest der Klasse, sah die Lage aber nicht als dramatisch an. Der gesamte Lehrkörper schien einfach zu hoffen, dass sich alles von allein bereinigte. Ich persönlich hielt es für viel wahrscheinlicher, dass es sie einfach nicht interessierte. Ein Argument, welches mir Jahre später bei Jugend Debattiert den Sieg rauben sollte.

Tag für Tag quälte es mich in die Schule zu gehen. Mein Aussehen war mir mittlerweile völlig egal geworden und leider schien die Veränderung auch meinen Eltern aufgefallen zu sein. „Du bist so still geworden", deklariert meine Mutter eines Tages einfach. Ich wusste damals nicht was ich darauf antworten sollte. Was sollte ich auch sagen? Ich war einsam, hatte keine Freunde und schlechte Noten. Mein Leben hatte sich in ein paar Monaten komplett verändert und nicht gerade zum Besseren. Die meiste Zeit hätte ich gerne geschrien und einfach alles zur Hölle gehen lassen, doch dies war nicht so einfach. Es gab keinen Ausweg für mich. Ich musste gute Noten haben, um meine Karrierewünsche zu erfüllen. Gleichzeitig schien es sinnlos, weil ich doch eh erst in der fünften Klasse. Es hatte also keinerlei Einfluss auf mein Abitur und die mittlere Reife. Andererseits war es für meine Eltern und ihre Meinung von mir wichtig. Es war alles zum verrückt werden.

Ich brauchte Hilfe, hatte aber keine Ahnung wie ich danach fragen sollte. Wenn es doch nur eine Erklärung dafür gäbe, warum mir alles hier so schwer viel! Damals hatte ich keine Ahnung, dass ich diese nur wenige Monate später bekommen sollte…

Der Autismus – Test

„Ich glaube wir sollten dich mal auf Autismus testen lassen." Ich blickte von meinem Marmeladenbrot auf und blinzelte. „Mhhmpf...Whaas ?", mampfte ich und schluckte. Meine Mutter legte ihren Kopf schief und antwortete: „ für Autismus". Offenbar glaubte sie auf diese Weise alles erklärt zu haben und widmete sich wieder ihrer Zeitung. Ich nickte als hätte ich verstanden und nahm noch einen Schluck Kaffee.

In den letzten Wochen hatte sie sich intensiv mit einer Reihe psychischer Magazine befasst. Anscheinend hoffte sie sich so mit einer Aura gelasener Weisheit umgeben zu können. Bei solchen Gelegenheiten trug sie immer eine zu große, überdimensionierte Lesebrille und seufzte ab und zu tragisch. Ich fand zwar immer sie wirkte dabei wie eine asthmakranke Fliege, hielt mich mit meiner Kritik aber stets zurück. Ich schmunzelte bei der Erinnerung, was mir einen scharfen Blick einbrachte. „Das Thema ist durchaus ernst. In den Artikeln über Asperger habe ich so einige Parallelen zu dir gefunden. Es gibt Therapien für solche Menschen." Dies verunsicherte mich. Wie sollte ich denn auch darauf reagieren, dass meine Mutter davon überzeugt wäre, dass an etwas litt, was als psychische Störung galt. „Wir werden das Gespräch heute Abend zu Ende führen, ich gehe jetzt zur Arbeit. Gib solange dein Bestes in der Schule …" Mit diesen Worten verabschiedete sie sich und verließ das Haus. Ich verharrte regungslos, bis ich endlich den Motor aufheulen hörte. Langsam stand ich auf und begann den Tisch abzuräumen. Für gewöhnlich frühstückten wir alle zusammen, aber meine Geschwister hatten heute erst später Unterricht. Als ich die Reste von meinem Teller kratzte, dachte ich noch einmal über das Gesagte nach. Bisher hatte ich mich nur sehr wenig solchen Themen befasst und war mir generell sehr unsicher. Mir war bewusst, dass ich psychische Probleme hatte, aber ich bezweifelte, dass es mit Autismus zu erklären sei. Für mich machte es keinen Sinn mich von eggend einer wahrscheinlich selbst frustrierten, alten Frau über mein Leben ausfragen zu lassen. Was bringt mir denn irgend so eine Diagnose. Großartig und dann was?! Noch lange halten diese Gedanken in mir wieder und ich kam erst wieder zu Ruhe, als ich schon längst im Bett lag.

Einige Tage später fand ich mich in einem bunten Wartezimmer mit etlichen Kindern und Jugendlichen wieder. Jemand hatte sich die Mühe gemacht die gesamten Wände mit einer grässlichen, bunten Seelandschaft zu bemalen. Der Rest des Wartezimmers war sehr kindlich gehalten. Überall lagen abgenutzte Spielzeuge herum, um die sich eine Reihe dreijähriger kreischend stritt. Ich saß neben mehreren Müttern auf einem der unbequemen Holzstühle und tat mein Bestes einfach ausdruckslos in die Luft zu starren. Tatsächlich verbrachte ich die Zeit damit meine Mitmenschen zu studieren. Da waren junge Mütter, die ihre kleinen Schreihälse liebevoll musterten und ältere, die anscheinend bereits am Leben zu verzweifeln schienen. Meine Mutter jedenfalls schenkte mir keine Beachtung und widmete sich ihrer Zeitschrift für Frauen über 40. Auf dem Cover wurde wieder irgendeine neue Wunderdiät angepriesen, die einen angeblich unglaublich schnellen Gewichtsverlust versprach.

Ich lehnte mich in meinen Stuhl zurück und versuchte zur Abwechslung an nichts zu denken.

Plötzlich hörte ich meinen Namen. Ich drehte mich nach der Stimme um und bemerkte eine mir bisher unbekannte ältere Dame. Sie war etwas übergewichtig und hatte ihr Haar zu einem strammen Pferdeschwanz frisiert. „Kommen Sie mit" sagte sie mit einer überraschend melodischen Stimme. Ohne ein weiteres Wort zu äußern, verließ sie den Raum. Offensichtlich erwartete sie, dass ich ihr einfach folgte. Ich versuchte aufzustehen und stolperte prompt, konnte mich aber gerade noch wieder fangen. Als ich nach unten guckte bemerkte ich sofort den Grund dafür. Es war meine Tasche, die ich zuvor achtlos auf den Boden gelegt hatte. Ich rappelte mich wieder hoch und beschloss meine Besitztümer einfach bei meiner Mutter zu lassen. Kaum hatte ich das Zimmer verlassen sah ich die Angestellte auch schon um die nächste Ecke biegen. Anscheinend hatte sie sich nicht nach mir umgesehen. Sie führte mich zu einer beigen Tür in der dritten Etage, lächelte kurz und drehte sich danach einfach um. Ich beschloss aus Mangel an Alternativen einfach zu klopfen. Kaum hatte ich dies getan stand ich einer braunhaarigen Frau von ungefähr vierzig entgegen. Sie hatte ein attraktives Gesicht und starke Lachfalten um die Augen. „Hallo", sagte sie freundlich und bedeutete mir einzutreten. Etwas verschüchtert setzte ich mich auf den einzig freien Stuhl und gab mir dabei große Mühe möglichst gelassen zu wirken. Mit einem Seufzen ließ sie sich auf ihren großen Stuhl fallen und rückte ihre Papiere zurecht. Dabei handelte es sich um einen Fragebogen für meine Mutter, welchen sie vorher hatte abgeben müssen.

Zunächst stellte Sie mir eine Vielzahl an Fragen. Ob mir Veränderungen etwas ausmachen würden, ob ich Freunde hatte oder mich gleichaltrige Kinder eher stressen würden? Mit jeder ihrer Fragen wurde ich verwirrter und verärgerter. Was hatte das mit Autismus zu tun? Wahrscheinlich war sie eh nur so eine Quacksalberin. Als nächstes wollte sie ein Spiel machen, bei dem ich mir mit Puppen eine Handlung ausdenken sollte. Jeder meiner Vorschläge und Bewegungen wurden von ihr ganz genau aufgefasst. Ich kam mir selten so blöd vor und wurde aus purem Trotz immer zurückweisender. Nach ungefähr zwei Stunden wurde ich endlich aus meiner Tortur entlassen und machte mich auf den Weg zurück ins Wartezimmer.

Erst später erfuhr ich den genauen Sinn hinter den einzelnen Teststationen. Je jünger ein Kind ist desto schwieriger ist es eine Diagnose zu stellen. Wenige Eltern trauen sich tatsächlich ihre Kinder untersuchen zu lassen. Wenn sie sich tatsächlich dann trauen, wissen sie oft nicht was zu erwarten. Es ist unmöglich Autismus mit einem Gen-Test oder Thermometer zu messen. Stattdessen kann versuchen mithilfe verschiedener Methoden Autismus zu diagnostizieren. Zunächst werden die Eltern oder sogar Familienmitglieder genauestens über die Entwicklung des Kindes befragt. Dabei ist es vor allem wichtig herauszustellen, ob das Kind Anzeichen gestörter sozialer Interaktion und stereotypische Handlungen aufweist. Selbstverständlich wird das Kind selbst noch untersucht. Dabei werden Kinder aber keinesfalls direkt nach ihrem Leben befragt. Dem Probanden versucht man spielerisch und praktisch ohne Worte zu diagnostizieren. Die Spiele sind dabei nur ein Vorwand, um das Kind zu beobachten. Jede Geste und Antwort werden analysiert. Aus ihnen lernt man viel über den Charakter und die Reaktionen eines Menschen. Schafft man es seinem Mitmenschen direkt ins Auge zu schauen oder reagiert man sehr verschüchtert? Ist man sehr in sich gekehrt oder fällt einem der Umgang mit einer bisher unbekannten Person doch eher leicht. Bei solchen Begegnungen fällt es Jugendpsychiatern meist leicht bei einem Kind Autismus festzustellen, da sie sich klar von gewöhnlichen Kindern unterscheiden. Allerdings kann Autismus in verschiedenen Formen und Schweregarden auftreten, die eine genaue und schnelle Diagnose erschweren. Tatsächlich kann es ein langwieriger und schwerer Prozess sein. Dennoch ist es immer ratsam sich um eine Diagnose zu bemühen. Eine direkte Diagnose schafft einem Kind Klarheit und ein besseres Verständnis über sich selbst und die Bedeutung ihrer Diagnose.

Das Therapie Fiasko

Nachdem wir endlich die Diagnose erhielten, eröffnete meine Mutter mir die Option einer Therapie. Sie präsentierte mir das Ganze als wäre es eine für mich fantastische Option, die mir endlose Möglichkeiten eröffnete. Für Autisten gäbe es Therapien, die ihnen helfen würden mit anderen besser umgehen zu können. „Diese Plätze sind äußerst begehrt. Nur durch unsere guten Kontakte haben wir so schnell einen Platz bekommen. Die haben dort eine ellenlange Warteliste. Hörst du mir eigentlich zu?", fragte mich meine Mutter, wobei sie auf ihren Stuhl leicht hin und her wippte. Ich saß ihr völlig überfordert entgegen und starrte nur betreten auf meinen Teller. Er ähnelte wie immer bei mir mehr ein Schlachtfeld als irgendwas anderem. Ich wollte keinen Therapeuten. Die stellten eh nur unangenehme Fragen und versuchten mir alle meine Probleme vor Augen zu führen. Es folgte ein elend langes Gespräch, was wie immer in einem Sieg auf Seiten meiner Mutter resultierte. Wenige Wochen später hatte ich meinen ersten Termin. Rückblickend finde ich es etwas bedenklich, dass meine Eltern erst einen zweijährigen Therapievertrag unterzeichnen mussten, bevor mir überhaupt ein Therapeut zugewiesen wurde. So kam es dann, dass ich mich am anderen Ende eines dunkeln, hölzernen Schreibtisches wiederfand. Ich mochte sie von Anfang an nicht. Sie hatte einen ungelogen ein Meter langen blondierten Pferdeschwanz und ein Gesicht wie ein Pferd. Sie war Sozialisten, was sie mir nach gefühlt zehn Minuten zu verstehen gab. Dabei musterte sie mit Abscheu meine Ralph Lauren Jacke. Ich hatte sie zu Weihnachten bekommen und trug sie voller Stolz. Sie erklärte mir daraufhin direkt, dass ich nichts Besonderes sei, nur weil ich mir so etwas im Gegensatz zu einem Großteil der Erdbevölkerung leisten könnte. Ihre sogenannte Therapie bestand hauptsächlich aus Small-Talk. Ich ging die ganze Zeit fest davon aus, dass sie mich erst kennenlernen wollte, bevor sie mit der echten Therapie beginnen wollte. Die ersten Sitzungen wartete ich noch bemüht höflich, bis ich mich dann endlich traute zu fragen, wann wir die Therapie denn beginnen wollte. Ihre Reaktion war gelinde gesagt indigniert. Sie erklärte mir, dass wir bereits die ganze Zeit Therapie betrieben. Eine Aussage die mich nicht besonders erfreute. Die meiste Zeit verlangte sie von mir, dass ich ihr über meine Schulwoche berichte. Ihr gesamter Therapieansatz war mir dann einfach alle meine Fehler und meine Inkompetenz vor Augen zu führen. Nach dem sie alle meine Entgleisungen aufgelistet hatte fuhr sie zufrieden damit fort über ihr eigenes großartiges Wochenende und ihren neuesten Freund zu berichten. Ich nahm das ganze mit wachsender Gleichgültigkeit an. Wenn ich gefragt wurde, wie meine Sitzung lief wich ich einfach aus. Wütend wurde ich erst als ich eines Tages die astronomische Rechnung sah. Zwar wurde die Rechnung von unserer Stadt und nicht von meinen Eltern bezahlt, trotzdem ärgerte es mich. Wir konnten uns keine funktionierenden Tafeln für die Schule leisten aber unfähige Therapeuten? Diese Frau verdiente keinen Cent meiner Meinung nach…

Die Therapie war schließlich nach zwei Jahren vorbei. Zwei Jahre meines Lebens, die ich bei einer völlig unfähigen, unqualifizierten Frau verschwendete. Therapien können tatsächlich eine wahre Bereicherung seien und haben bereits vielen Menschen in allen Lebenslagen geholfen. Autismus an sich lässt sich nicht heilen, eine Therapie in diesem Kontext dient lediglich dazu besonders Jugendlichen mit Autismus in ihrer Entwicklung zu unterstützen und ihnen Unterstützung anzubieten. Eine Therapie ist immer dann grundsätzlich sinnvoll, wenn man ehrlich Hilfe sucht und bereit ist hart an sich zu arbeiten, um sein Leben zu verbessern. Es ist nicht sinnvoll für Eltern ihr Kind in eine Therapie zu zwingen im Glauben, dass alle Probleme ihres Kindes über Nacht verschwinden. Für Autismus gibt es viele verschiedene Therapie Ansätze. Von Musik bis zur Verhaltenstherapie gibt es multiple Auswahlmöglichkeiten. Es ist besonders sinnvoll selbst nach einem gut bewerteten Psychiater zu suchen. Im Internet oder durch die berühmten „gelben Seiten" lässt sich leicht eine Auswahl an auf eine Autismus-Spektrums-Störung spezialisierte Experten finden. Therapieren können dabei Kinder-, Jugend- und gewöhnliche Therapeuten, Logopäden und weitere. Dabei muss man sich in der Regel wenig Sorgen um die Finanzierung machen. Autismus-Therapien werden zumeist von der Krankenkasse oder von den Jugendämtern getragen.

Image versus Reality

In den letzten Jahren traten Autisten immer mehr in das Licht der Öffentlichkeit. Gleichzeitig mit ihrem kometenhaften Aufstieg vermehrten sich jedoch auch die Vorurteile. Besonders in den Medien war diese Entwicklung gut zu beobachten. War das Thema Autismus vor zwanzig Jahren noch unbedeutend, ist es heute ein in den Medien prominentes Thema, welches gerade bei jungen Außenseitern Anklang findet. Dennoch ist nicht jeder so begeistert von diesem Trend, welches vielerlei Gründe hat. Das Hauptproblem ist die stark überspitzte Darstellung. So liebenswert viele Charaktere sind, so unrealistisch können sie jedoch auch gestaltet sein. Im Großteil der TV-Produktionen werden nur extreme Fälle gezeigt, die mehr Roboter als Mensch zu seien scheinen. Das problematische bei dieser Darstellung ist nicht, dass es komplett erfunden wäre, sondern weil es die extremsten Fälle als den durchschnittlichen Autisten darstellt. Autismus ist ein Spektrum in verschiedenen Formen und Ausprägungen. Tatsächlich wird nur aber selten von Formen wie dem Frühkindlichen Autismus oder dem Atypischen Autismus berichtet. Diagnosen werden nie genannt stattdessen scheinen alle Autisten zu einer Masse zu verschmelzen in der sich kaum einander voneinander zu unterscheiden scheint.

Einer der meistüberspitzten Aspekte ist die Intelligenz von Autisten. In Wahrheit lässt sich dies aber keinesfalls pauschal beantworten. Menschen mit dem Asperger-Syndrom als auch Menschen mit hochfunktionierendem Autismus besitzen meistens eine überdurchschnittliche Intelligenz, wohingegen Menschen mit „normalen" Autismus als eher weniger intelligent gelten. Genies sind aber unter Autisten ebenso selten wie unter den meisten Menschen. Viele besitzen aber ein besonderes Interesse, welches sie brennend lieben und leidenschaftlich verfolgen. In diesem gewählten Bereich sind sie so meist hochgebildet und talentiert, was auf normale Menschen schnell Eindruck machen kann. Ein weiteres Klischee ist die Ticks von Autisten. Auch wenn diese meist deutlich verstärkt, dargestellt werden stimmt dieser Aspekt noch am ehesten. Um sie Ernsthaftigkeit des Autismus darzustellen, kommt es in den meisten Serien zu dramatischen, emotionalen Zusammenbrüchen der Hauptcharaktere, bei denen sie wild hin und her schaukeln und sich auf bizarre Weise selbst abreagieren. Für einen solchen Zusammenbruch kann es viele Auslöser geben. Meist handelt es sich dabei um eine Kombination aus persönlichem Stress oder Trauer, verstärkt durch eine starke Reizüberflutung. Die meisten Autisten haben Möglichkeiten entwickelt sich im Falle einer solchen visuellen Überflutung zu beruhigen. Dabei entwickeln viele ihre eigenen Methoden, wobei das nach vorne und hinten schaukeln von vielen als beliebte Entspannungsstrategie genutzt wird. Der Aspekt, welcher jedoch zu den größten Missverständnissen führt ist die Darstellung der sozialen Interaktion. Zwar ist die Darstellung grundsätzlich sinnvoll, da sie meistens Probleme mit körperlichem Kontakt und sozialen Umgangsformen zeigen. Bei den meisten Autisten wird man im Laufe einer potentiellen Bekanntschaft schnell Unterschiede bemerken. Die Art und Weise wie dieses jedoch in jeglichen Medien porträtiert wird wirkt meist als seien die Charaktere geistig auf die schwerste Weise beeinträchtigt und praktisch zu allem unfähig. Die wenigsten Autisten gelingt es deshalb einen wirklichen Bezug zu den in TV- Produktionen porträtierten Autisten äußerst schwer. Generell kann ich mich nur dafür aussprechen, dass Autismus als Fachgebiet mehr Interesse in der Gesellschaft findet, wichtig ist dabei aber eine wahrhafte und ehrliche Darstellung. Um ein ernsthaftes Verständnis in der Gesellschaft hervorzurufen ist es von Bedeutung auch ein zutreffendes und verständliches Bild von etwas zu schaffen. Für zu lange haben Menschen schwere Vorurteile gegen Autisten gepflegt, erst wenn die klischeehaften Bilder beseitigt und mit echten Darstellungen von realistisch gespielten Charakteren ersetzt werden kann es zu einem wirklichen Verständnis für Menschen mit Autismus kommen. Solange dies nicht geschieht, wird das allgemeine Bild für Menschen im Spektrum auch weiterhin fehlerhaft und verunglimpft bleiben...

Erfolgsprinzip Autismus

In diesem letzten Kapitel möchte ich ein bestimmtes Klischee ein für alle Mal beenden. Autismus ist aus der Sicht von Fachärzten eine schwere Störung. Diese Ansicht wird jedoch nicht von jedem Autisten geteilt. Tatsächlich bringt Autismus jeglicher Art sehr wohl massive Einschränkungen im alltäglichen Leben mit sich. Gleichzeitig besitzen Autisten Qualitäten und Fähigkeiten über die sich die wenigsten bewusst sind. Mit Hilfe dieser Begabungen können viele eine eigene großartige Karriere aufbauen. Eine der größten Geschenke eines Autisten ist seine Fähigkeit sich völlig für ein bestimmtes Fachgebiet zu begeistern und absolute Meister in diesem Gebiet zu werden. Tatsächlich gibt es sehr viele erfolgreiche und bekannte Persönlichkeiten. Besonders beeindruckte mich eine junge Klimaaktivistin, die nach und nach zu meinem persönlichen Vorbild wurde. Als ich das erste Mal von ihr hörte erzählte sie mir voller Stolz, dass so etwas auch nur eine Autistin schaffen könnte. „Jemand anderes hätte nie die Ausdauer und den Mumm dazu", eine gewagte Aussage, die zwar für viele Autisten zutrifft, aber selbstverständlich nicht als Maß für alle gelten kann. Es gibt so viele großartige Menschen, Autist oder nicht, die sich allem zum Trotz für ihren Traum aufopfern auch, wenn dieser unerreichbar scheint. Eine solche Leidenschaft, sofern diese auch genutzt wird, kann also ein göttliches Geschenk sein und sollte nicht unterschätzt werden. Doch die ist keinesfalls ihre einzige Gabe. Autisten besitzen eine unglaubliche Fähigkeit logisch zu denken. Sie lassen sich keinesfalls einfach von Emotionen täuschen, sondern tendieren stattdessen dazu besonders im beruflichen Sinn völlig sachlich zu verbleiben. Zurückzuführen ist dies hauptsächlich auf ihren eigenen Empathie Mangel. Kann man die Gefühle eines anderen nur erschwert begreifen, kann man sich auch nicht von ihnen beeinflussen lassen. Natürlich sind Autisten keine gefühllosen Maschinen, aber sie sind tatsächlich in Bereichen wie der Krankenpflege oder als Seelsorger eher schlecht aufgestellt, weshalb Autisten wird deshalb eher zu Berufen wie IT oder Banker tendieren. Dennoch ist nicht jeder dazu so geeignet, da auch nicht jeder Autist eine Begabung für Mathematik hat. Die meisten wählen Berufe, in denen sie hauptsächlich eigenständig arbeiten können und nicht auf die Arbeit mit anderen angewiesen sind. Hierfür gibt es eine große Auswahl an Berufen und Möglichkeiten ihre Individualität frei zu entfalten. Sofern Autisten also nicht in einem Beruf sind, wo sie enormen Reizen ausgesetzt sind, können sie zur Höchstform auflaufen und mit ihrer kühlen Intelligenz effektiver arbeiten als so mancher normaler Mensch. Was ich also sagen möchte ist, dass Autismus ein Geschenk statt nur einem Fluch sein kann. Jeder Mensch ist mit individuellen Stärken und Schwächen geboren. Das Einzige, worauf es ankommt, ist was wir daraus machen. Ich wünsche allen die das hier gelesen haben Autist oder nicht, dass sie meine Ratschläge hilfreich finden und das meiste aus ihren gegebenen Gaben machen. Nur wenn wir uns selbst akzeptieren und uns auf unserem Stärken besinnen können wir es nämlich schaffen das Leben aufzubauen, welches wir uns wünschen und verdienen.

MIX

Papier | Fördert
gute Waldnutzung

FSC® C083411

Zeitfracht Medien GmbH
Ferdinand-Jühlke-Straße 7
99095 Erfurt, Deutschland
produktsicherheit@kolibri360.de